Inhalt

Ohne Worte - im Online-Marketing laufen Bilder Textbotschaften zunehmend den Rang ab

Kernthesen

Beitrag

Fallbeispiele

Weiterführende Literatur

Impressum

Ohne Worte - im Online-Marketing laufen Bilder Textbotschaften zunehmend den Rang ab

Harald Reil

Kernthesen

- Bildbasierte Social-Media-Plattformen wie Pinterest, Instagram oder Meilishuo melden einen sprunghaften Anstieg der Benutzerzahlen.
- Auch die Wirtschaft hat diese Social-Media-Dienste mittlerweile für sich entdeckt und versucht, aus ihrer

Popularität Kapital zu schlagen.
- Dabei zeichnet sich ab, dass Instagram dem Konkurrenten Pinterest als Marketingplattform für Topmarken den Rang abläuft.
- Der chinesische Anbieter Meilishuo setzt mit seiner bildbasierten Social-Media-Variante auf totalen Kommerz.

Beitrag

Zuwachsraten zum Träumen

Ein Bild sagt mehr als 1 000 Worte. Aus dieser mittlerweile zum Cliché erstarrten Spruchweisheit scheinen Fachleute einen Online-Marketing-Trend des Jahres 2013 ableiten zu wollen. Schlecht sind ihre Argumente nicht, denn Social-Media-Plattformen wie Pinterest, Instagram oder das chinesische Pinterest-Pendant Meilishuo, die allesamt auf die Kraft der Bilder setzen, haben tatsächlich Zuwachsraten, von denen andere Social-Media-Größen nur träumen können. Noch sind Facebook und Twitter zwar die Platzhirsche unter den Anbietern, vielleicht aber wird ihre Dominanz schon bald gebrochen sein. Ein paar Fakten verdeutlichen am besten, in welchen Dimensionen sich die sprunghaft steigenden

Userzahlen dieser bildbasierten Social-Media-Dienste bewegen: In Deutschland wuchs die Zahl der Pinterest-Nutzer in der zweiten Hälfte des Jahres 2011 um sage und schreibe 3 000 Prozent. Der Pinterest-Konkurrent Instagram meldet, dass seine Benutzerzahlen ein knappes Jahr nach der Übernahme des Unternehmens durch Facebook um 500 Prozent zugelegt hätten und sich demzufolge mittlerweile Monat für Monat rund 100 Millionen Besucher auf seiner Plattform tummelten. Meilishuo zählt im Vergleich dazu zwar nur relativ magere 32 Millionen aktive User; doch man muss kein Prophet sein, um auch für diese Bilderplattform zu prognostizieren, dass ihre Userzahlen noch lange nicht das Ende der Fahnenstange erreicht haben. Angesichts dieser Entwicklungen ist es kein Wunder, dass auch Unternehmen längst ihr Augenmerk auf dieses spezielle Social-Media-Phänomen gerichtet haben und Marketingstrategien entwickeln, um aus der Popularität der bildbasierten Dienste Kapital zu schlagen. (1), (2), (3), (4)

Topmarken setzen auf Instagram

Wie intensiv die Wirtschaft diese Social-Media-Plattformen für ihre Zwecke bereits nutzt, zeigt eine Studie, die Datenanalysten der in Seattle beheimateten Firma Simply Measured veröffentlicht haben. Der Untersuchung zufolge sind bereits 67 Prozent der 100 Topmarken auf Instagram vertreten. Damit überflügelt die Facebook-Akquisition sogar den Konkurrenten Pinterest, der zwar eine höhere Prozentzahl an Marken vorweisen kann, sich in punkto Zuwachsraten und Follower aber ganz klar mit Platz zwei begnügen muss. In Zahlen ausgedrückt: Die 76 Topmarken, die sich auf Pinterest vermarkten, hatten zum Stichtag, dem 1. Mai dieses Jahres, weniger als 500 000 Fans, während die 67 Großunternehmen auf Instagram zusammengenommen auf über sieben Millionen Anhänger kamen. 23 Prozent dieser Topkonzerne posten über 50 Mal pro Monat, per Foto verzeichnen sie mehr als 5 600 Besucheraktionen. Im Vergleich mit dem vorhergehenden Quartal bedeutet das einen Anstieg um 16 Prozent. Simply Measured stellt in seiner Studie als Fazit ausdrücklich fest, dass visuelles Marketing nicht nur eindeutig an Attraktivität gewinne, sondern dass vor allem die Übernahme von Instagram durch Facebook, die zuerst von vielen Menschen skeptisch beäugt worden sei, Synergien freigesetzt habe, die Unternehmen mit ihren Marken unglaubliche Möglichkeiten biete, mit Verbrauchern in Kontakt zu treten. (3)

Meilishuo: Kommerz, Kommerz,

Kommerz

Eine Radikalisierung des Pinterest- und Instagram-Konzepts ist die chinesische Bildsharing-Plattform Meilishuo - zumindest sieht das deren CEO, Yirong Xu, so. Von seinem Standpunkt aus hat er durchaus Recht. Denn im Unterschied zu den beiden amerikanischen Anbietern, die vorrangig als "Diskussionsforen" für User konzipiert sind, setzt die chinesische Variante auf totalen Kommerz. Rund 95 Prozent der Produkte, die auf Meilishuo abgebildet sind, kann die Zielgruppe - berufstätige Frauen zwischen 20 und 35 Jahren, die der Mittelschicht angehören - auch kaufen. Die jungen Damen vertrauen dabei besonders sogenannten Fashionistas, die wissen, was wann wer trägt und auch entsprechende Tipps dazu geben. Indessen ist die Zahl dieser Herdenführerinnen des guten Geschmacks auf 30 000 hochgeklettert, was eigentlich ein Qual-der-Wahl-Problem kreieren müsste: Denn mittlerweile findet die fashionbegeisterte Zielgruppe um die zehn Millionen Alben zu jeder nur erdenklichen Modevariante. Tag für Tag wächst die Bildersharing-Site außerdem um 50 000 Fotos an; ebenfalls täglich wird diese Bilderflut 1,5 Millionen Mal weitergepostet. Besonders aktiv sind die rund 50 000 Superuserinnen, die mehr als die anderen Meilishuo-Nutzerinnen Bild um Bild teilen. Diese riesige Bildermaschinerie beschert den E-Commerce-

Partnern von Meilishuo ungeheuren Traffic und gewaltige Umsätze. Xu zufolge klicken seine Userinnen die Affiliate-Sites täglich fünf bis sechs Millionen Mal an. Allein im vergangenen Jahr soll der Umsatz für Modehäuser bei rund 373 Millionen Euro gelegen haben. Auch Meilishuo hat dank der Kooperationsprogramme vom ersten Tag an Geld mit seiner Idee verdient. (4), (5)

Trends

Großkonzerne geben Richtung vor

Ob der Hype um bildbasierte Social-Media-Plattformen anhalten wird, ist schwer zu sagen. Im Zeitalter des Internets, das dank seiner Schnelllebigkeit innerhalb kurzer Zeit immer wieder neue Trends nach oben spült, klingen langfristige Prognosen zwangsläufig wie Scharlatanerie. Kurz- bis mittelfristig ist aber tatsächlich davon auszugehen, dass sich Marketingaktionen, die sich vornehmlich auf die Kraft der Bilder stützen, zunehmender Beliebtheit erfreuen werden. Die Großkonzerne dieser Welt geben die Richtung vor; es ist daher sehr wahrscheinlich, dass viele andere Firmen ihrem Beispiel folgen werden. (3)

Fallbeispiele

Mehr als eine Million Follower

Von den Topunternehmen, die auf Instagram aktiv sind, führen Nike, MTV und Starbucks die Liste an. Alle drei haben mittlerweile über eine Million Follower. MTV meldete vor allem rund um die Ausstrahlung der MTV Movie Awards einen Anstieg der Useraktivitäten um 200 Prozent. Während dieser Zeit postete das Fernsehnetzwerk 78 Fotos täglich, von denen jedes im Schnitt 16 000 Likes oder andere Kommentare nach sich zog. (3)

Mitglieder-Boom dank Video-Blog

Visual Kings, eine im oberösterreichichen Leonding ansässige Agentur, die sich auf die Vermarktung von Firmen durch Video-Blogs spezialisiert hat, hat der Fitnessstudio-Kette HappyFit einen bisher noch nie dagewesenen Zulauf an neuen Mitgliedern beschert. Der Auslöser des Runs war eine zehnteilige Video-Blog-Dokumentation rund um den ehemaligen Bodybuilding-Star und HappyFit-Geschäftsführer Alexander Hölzl, den Visual Kings bei seinem Comeback gefilmt hat. Innherhalb weniger Monate haben allein auf Facebook mehr als 40 000 User die Videos aufgerufen. Hölzl ist nicht nur mit der Resonanz hoch zufrieden, sondern spricht sich auch positiv über die niedrigen Kosten, die große Reichweite und das zielgruppengenaue Targeting der Video-Blog-Produktion aus. (7)

Allianz baut auf die Macht der Bilder

Auch die Allianz setzt auf die Kraft der Bilder. Der Versicherungskonzern hat mit seiner "Was-ist-mir-wichtig-Kampagne" eine Initiative ins Leben gerufen, bei der Menschen auf einer eigens dafür eingerichteten Internet-Präsenz Fotos von ihren Lieblingssachen veröffentlichen können. Marketingexperten bewerten die Allianz-Idee als Imagekampagne - in diesem Fall sogar im wahrsten Sinne des Wortes - als sehr gelungen. (8)

Flickr sagt der Konkurrenz den Kampf an

Yahoo hat seinen Fotoservice Flickr nicht nur optisch aufpoliert, der Konzern versucht die Internetgemeinde auch noch mit der kostenlosen

Nutzung von einem Terabyte Speicherplatz zu ködern. Mit dieser Offensive hat der angeschlagene Online-Riese der Konkurrenz den Kampf angesagt. Sie zeigt deutlich, wohin die Reise geht. Bilder und Videos erobern das Internet. Für die Unternehmen bietet der Yahoo-Vorstoß zusätzliches interessantes Marketingpotenzial. (9)

Selbstvermarktung zum kleinen Preis

Unternehmen, die sich mithilfe von Videos selbst vermarkten, sich dafür aber keinen eigenen Videoserver zulegen wollen, können dies mithilfe der Videoplattform Vimeo kostengünstig tun. Für die Provariante zahlen sie 159 Euro pro Jahr. Im Preis inbegriffen ist eine individuell an die Firmen-CI anpassbare Oberfläche sowie eine Speicherkapazität von 50 GB für 250 000 Aufrufe. (10)

Vine kommt in sechs Sekunden auf den Punkt

Twitter hat im März dieses Jahres eine App namens Vine veröffentlicht, mit deren Hilfe sich sechs Sekunden lange Videos veröffentlichen lassen. Die

App ist nicht nur für Privatuser interessant, sondern hat auch die Aufmerksamkeit von Unternehmen geweckt. Einige von ihnen haben daher schon Wettbewerbe initiiert, um sich auf Vine im besten Licht zu präsentieren. (10)

Weiterführende Literatur

(1) Online-Marketing-Trends 2013: Was kommt, was bleibt und was ist wichtig
aus Zeitschrift für Wirtschafts- und Bankrecht, Heft 14/2013, S. 625

(2) Eine digitale Pinnwand, auch für Unternehmen SOCIAL MEDIA Das Start-up Pinterest aus Silicon Valley verzeichnet enorme Zuwachsraten
aus WirtschaftsBlatt, 16.04.2012, Nr. 4092, S. 22

(3) STUDY: Instagram Proves More Effective Than Pinterest for Top Brands
aus WirtschaftsBlatt, 16.04.2012, Nr. 4092, S. 22

(4) "Frauen sind die Herrscher im Web"
aus werben & verkaufen Nr. 15 vom 08.04.2013, S. 22 - 24

(5) Die power der community
aus LEAD digital Nr. 09 vom 02.05.2013, S. 18 - 23

(6) Die Kraft der Bilder
aus acquisa, Vol. 60, Heft 05/2013, S. 60-61

(7) "Bewegte Bilder aktivieren Sinne"
aus "medianet" Nr. 1627/2013 vom 12.04.2013 Seite: 11

(8) Kampagne der Woche
aus Der Kontakter Nr. 21 vom 23.05.2013, S. 34 - 35

(9) Yahoo! GEGEN ALLE
aus Focus Money, 05.06.2013; Ausgabe: 24; Seite: 8-11

(10) Im sog von Facebook
aus LEAD digital Nr. 11 vom 29.05.2013, S. 13 - 18

Impressum

Ohne Worte - im Online-Marketing laufen Bilder Textbotschaften zunehmend den Rang ab

Bibliografische Information der deutschen Nationalbibliothek

Die Deutsche Nationalbibliothek verzeichnet diese Publikation in der deutschen Nationalbibliografie; detaillierte bibliografische Daten sind im Internet über http://dnb.d-nb.de abrufbar.

ISBN: 978-3-7379-0810-8

© 2015 GBI-Genios Deutsche Wirtschaftsdatenbank GmbH, Freischützstraße 96, 81927 München, www.genios.de

Alle Rechte vorbehalten. Dieses Werk ist einschließlich aller seiner Teile – z.B. Texte, Tabellen und Grafiken - urheberrechtlich geschützt. Jede Verwertung außerhalb der Grenzen des Urheberrechtsgesetzes bedarf der vorherigen Zustimmung des Verlags. Dies gilt insbesondere auch für auszugsweise Nachdrucke, fotomechanische Vervielfältigungen (Fotokopie/Mikroskopie), Übersetzungen, Auswertungen durch Datenbanken oder ähnliche Einrichtungen und die Einspeicherung und Verarbeitung in elektronischen Systemen.